Change-Management. Erfolgsstrategien für Unternehmen im Wandel

Andreas Dietl

Bibliografische Information der Deutschen Nationalbibliothek:

Die Deutsche Nationalbibliothek verzeichnet diese Publikation in der Deutschen Nationalbibliografie; detaillierte bibliografische Daten sind im Internet über http://dnb.d-nb.de abrufbar.

ISBN: 9783389105887
Dieses Buch ist auch als E-Book erhältlich.

Trappentreustraße 1
80339 München

Druck und Bindung: Books on Demand GmbH, Norderstedt Germany
Gedruckt auf säurefreiem Papier aus verantwortungsvollen Quellen

Das Buch bei GRIN: https://www.grin.com/document/1556022

Change-Management

Studiengang: MBA-Gesundheitsmanagement und Digital Health

Name: Andreas Dietl

Datum: 21.11.2022

Inhaltsverzeichnis

1.Einführung

1.1 Einleitung

Entwicklungen im Bereich der Technik, Digitalisierung und Globalisierung sowie sich ändernde Kundenanforderungen machen es für Unternehmen mehr denn je nötig, Veränderungen von unterschiedlicher Intensität vorzunehmen, um langfristig ihre Existenz zu sichern. Dementsprechend hat sich Change-Management zu einer entscheidenden Disziplin für Unternehmen entwickelt und die erfolgreiche Auseinandersetzung mit seinen Anforderungen in den Mittelpunkt der Geschäftstätigkeit gestellt. Ganzheitlich betrachtet kommen Veränderungen im Umfeld von Unternehmen mittlerweile so häufig vor, dass sie kaum noch als Ausnahmefall im Lebenszyklus von Unternehmen wahrgenommen werden (Thom, 2012, S.15). Da folglich kein Tag wie jeder andere ist, gehört Wandel zum Alltag eines jeden Unternehmens. Phasen der Stabilität wechseln sich dabei mit Zeiten ab, die von Unordnung und Komplexität ab (Thom, 2012, S.18). Entwicklungen, die den Wandel in Unternehmen notwendig machen, zeichnen sich in verschiedenen Bereichen ab: Im politisch-rechtlichen Umfeld gibt es Deregulierung und Internationalisierung, die sich auf Absatz- und Beschaffungsmärkte in verschiedenster Weise auswirken. Im sozio-kulturellen Umfeld kann beispielsweise die Verschiebung der demographischen Struktur genannt werden. Die zunehmende Bedeutung von Informations- und Kommunikationstechnologien sowie Innovationen in Produkten und Prozessen spiegeln das Zeitalter des technischen Fortschritts wider. Schließlich ist auch die zunehmende Intensität und Komplexität des Wettbewerbs zu nennen, die eine langfristig komfortable Positionierung des Unternehmens schwierig macht (Zahn et al., 2000, S. 47). Hier gilt es auch die Rolle von Start Ups nicht zu unterschätzen, die die Spielregeln vieler Märkte durch ihre Ideen und Innovationen geändert haben (Sattlegger, 2018). In vielen Brachen gibt es Umbrüche, die durch die Covid 19 Pandemie verstärkt wurden. Innovative Geschäftsmodelle, Nutzung von neuartigen Technologien, Kulturwandel sind nur einige Beispiele, die Veränderungen hervorrufen. Der richtige Umgang mit Wandel durch schnelle Anpassung auf sich ändernden Umweltbedingungen ist folglich zu einem wesentlichen Erfolgsfaktor für Unternehmen geworden. Diese Kernkompetenz wird mittlerweile in der Managementforschung unter dem Begriff „Change Ability“ zusammengefasst.

Innerhalb des Change-Managements sind radikaler und inkrementeller Wandel zwei Vorgehensweisen, um Veränderungen im Unternehmen vorzunehmen. Sie haben unterschiedliche Charakteristika und folglich resultieren daraus verschiedene Anforderungen an die Stakeholder im Unternehmen, um die jeweilige Art des Wandels erfolgreich anzuwenden. Die Wahl der richtigen Variante ist für die Unternehmensentwicklung von entscheidender Bedeutung und deshalb kommt den Führungskräften im Hinblick auf ihre Wahl eine große Rolle zu.

1.2 Aufgabenstellung:

Die Aufgabe besteht zunächst in der Untersuchung auf welchen Denkprinzipien die Idee des radikalen Wandels und der Begriff vom inkrementalen Wandel fußt. In diesem Zusammenhang gilt es sich mit den Theorien auseinanderzusetzen, welche die Konzepte und darin enthaltene Ansätze begründen. Ausgehend von dieser einleitenden Aufgabe ist dann die eigentliche Aufgabe durchzuführen. Diese besteht darin, zwei dezidierte und voreingenommene Aufsätze zu schreiben, bei denen zum einen die Position des radikalen Wandels gegenüber dem inkrementalen verfochten werden soll. Beim Zweiten hingegen soll die Position des Inkrementalen Wandels gegenüber dem Radikalen verteidigt werden, um schließlich im letzten Kapitel der Hausarbeit sich auf eine Seite der beiden Ansätze zu stellen.

2. Radikaler Wandel ist der einzig richtige Weg bei Veränderungen im Unternehmen

Das Wort „Radikal" verdeutlicht den revolutionären Charakter dieser Änderung, die zu einer Neugestaltung eines Unternehmens und seiner zentralen Prozesse führt. Beim radikalen Wandel geht es um das fundamentale Überdenken und Redesign von Unternehmen oder wesentlichen Unternehmensprozessen. Im Rahmen der Veränderung wird auf die bestehenden Strukturen und Abläufen keine Rücksicht genommen. Infolgedessen spielen graduelle Verbesserungen keine Rolle, denn vielmehr wird auf eine nachhaltige Effizienzsteigerung Wert gelegt. Die Verantwortung für die Durchführung werden einigen, wenigen Kompetenzträgern im Unternehmen übertragen, um den Wandel in minimaler Zeit mit maximalem Ressourceneinsatz zu erreichen (Thom, 2012, S.18). Wird die zeitliche Komponente hinzugezogen, dann kann für den radikalen Wandel festgehalten werden, dass er abrupt und diskontinuierlich erfolgt (Marek, 2010, S.86). Er kann beispielsweise durch Fusionen, Innovationen, Strategieänderungen oder Krisen hervorgerufen werden (Hauschildt & Salomo, 2008, S.163). Es erfolgt häufig ein Paradigma Wechsel, den man durchaus mit einer Revolution gleichsetzen kann. Der Wandel ist grundlegender, komplexer und qualitativer Art. Faktoren wie die geringe Unsicherheit und das damit verbundene geringe Risiko und kurzfristige Aussicht auf finanzielle Erfolge sprechen zwar für das Vorgehen des inkrementalen Wandels. Aber genau in diesen genannten Vorteilen ist auch enormes Konfliktpotenzial vorhanden, das viele Unternehmen zum Scheitern verurteilt hat (Garaus & Güttel, 2013, S.52). Denn die Orientierung an kurzfristigen Zielen war für die fatale Unternehmensentwicklung namhafter Unternehmen wie Kodak und Pan Am ausschlaggebend. Kodak hat die Fotoindustrie über Jahre hinweg durch inkrementelle Verbesserungen stets dominiert. Jedoch hat sich durch die Aufbereitung in Form von Digitalbildern die Art und Weise wie Fotos gemacht, gespeichert und verwendet wurden, fundamental geändert. Die Firma Kodak hat keine Anstrengung unternommen, sich stärker mit den technologischen Entwicklungen und Innovationen in ihrer Branche auseinanderzusetzen, weshalb sie ihre ehemals bedeutende Rolle verloren hat. Auch ein ehemaliger Branchenriese wie die Firma Nokia hat enorme Marktanteile verloren, weil der Ansatz des radikalen Wandels nicht berücksichtigt wurde. Stattdessen haben Unternehmen wie Apple und Samsung das Aufkommen neuer Technologien und Innovationen genutzt, und mit bahnbrechenden Ideen und Erfindungen den Markt an sich zu reißen. Die Bereitschaft zum radikalen Wandel dieser Unternehmen hat für Nokia eine Lücke geöffnet, die heute kaum mehr zu schließen ist. Die fehlende Risikobereitschaft hat sich als geschäftsschädigend herausgestellt. Um radikalen Wandel im Unternehmen zu fördern, ist eine adäquate Unternehmenskultur mit Führungsgrundsätzen nötig, die Risikofreude, Innovationsbereitschaft aber auch ein gewisses Maß an Fehlertoleranz proklamiert und gleichzeitig den Lernprozess als grundlegende Eigenschaft des radikalen Wandels betrachtet. Auf diese Weise können die Mitarbeiter mit den Anforderungen besser umgehen und die Bedeutung des radikalen Wandels für die Sicherung des langfristigen Unternehmenserfolgs als essenziell annehmen (Meyer, o.D.). Der Wandel ist grundlegender, komplexer und vor allem qualitativer Natur (Vahs & Weiand,

2013, S.3). Er umfasst die gesamte Organisation mit allen ihren Ebenen und erfolgt diskontinuierlich, revolutionär und gewissermaßen „von heute auf morgen“ (Vahs & Weiand, 2013, S.3). Große Unternehmen wie Hertie oder Quelle sind auf die Gründung von Online-Shops Ende der neunziger Jahre nicht eingegangen, weil sie sich darauf verlassen haben, dass die Mehrheit der Bevölkerung nie im Internet einkaufen wird. Eine entsprechende Umfrage hat in der angesprochenen Zeitepoche eine solche Einstellung der Deutschen tatsächlich prognostiziert. Doch nur Jahre später sollte sich alles zum Gegenteil entwickeln und Pioniere wie Amazon oder Ebay, die sehr früh das Internet als Einkaufskanal für Verbraucher entdeckt haben, machen Jahr für Jahr Rekordgewinne. Über Hertie und Quelle hingegen spricht niemand mehr (Meyer, o.D.). Radikale Änderung wird benötigt, wenn das Unternehmen aus Sicht seiner Stakeholder nicht mehr in der Lage ist, zukünftigen Entwicklungen in seinen Umwelten zu beherrschen. Somit verlieren sie an Stabilität, die sich vor allem in finanzieller Hinsicht offenbart. Als Ergebnis muss das Unternehmen Maßnahmen ergreifen, um die gewohnte Stabilität innerhalb seiner Umwelten wieder herzustellen (Becke, 2005, S.12) Inkrementaler Wandel eignet sich in solchen Situationen nicht, da nur die Bereitschaft zu fundamentalem Handeln und Entscheiden das Unternehmen zu tiefgreifenden Entscheidungen verleitet. Gerade die Dynamik des technischen Fortschritts machen für viele Unternehmen in verschiedenen Branchen die Auseinandersetzung mit radikalen Änderungen notwendig. Diese Entwicklung kann am Beispiel von Virtual Reality und Augmented Reality treffend wiedergegeben werden: In der verarbeitenden Industrie wird es möglich sein, dass Teams standortunabhängig mithilfe dieser Technologien zusammenarbeiten können. Darüber hinaus werden produktionsrelevante Dokumente im Blickfeld der Mitarbeiterinnen und Mitarbeiter angezeigt und virtuelle Modelle werden die Produktentwicklung maßgeblich prägen. Im Einzelhandel kann über die besagten Technologien das Kundenerlebnis revolutioniert werden, indem Kunden beispielsweise Möbel direkt zu Hause oder Kleidungsstücke mit Avataren visualisieren können. Auf diese Weise werden auch die Zahl an Retouren deutlich zurück gehen. In der Musikindustrie werden Konzerte durch VR-Technologie ort- und zeitunabhängig von Interessenten erlebt werden können. Dabei wird es sogar möglich sein, an jeder beliebigen Stelle im Publikum oder gar auf der Bühne das Konzert mitzuverfolgen. All dies ist zusätzlich mit bester Qualität der Musik verbunden. In der Immobilienwirtschaft wird es außerdem möglich sein, Rundgänge in bestehenden, aber auch noch nicht gebauten Gebäuden anzubieten.

Dieser Gedanke wird die Vermarktung von Immobilien von grund auf ändern (Hutzschenreuter, 2018). Unternehmen müssen offen hinsichtlich Strategien und Bereitschaft zu radikalem Wandel sein, um diese Technologien gewinnbringend nutzen zu können. Denn sie werden gewiss bisherige Produkte, Prozesse und Geschäftsmodelle in großem Maße obsolet machen. Ein weiterer Vorteil radikalen Wandels liegt also auch darin, dass ein größeres Potenzial für Gewinne und Markteroberungen möglich sind im Vergleich zur inkrementalen Vorgehensweise (*Das kooperative Dilemma: Inkrementelle vs. disruptive Innovation*, 2016). Außerdem haben sich die Produktlebenszyklen von der Markteinführung bis hin zu den Phasen der Sättigung und Degeneration stark verkürzt (Bögemann, o.D.). Heute ist es kaum noch denkbar, dass Produkte oder Dienstleistungen viele Jahre lang am Markt bleiben. Es entstehen Technologien in einer solchen Geschwindigkeit, dass schon nach wenigen Monaten Produkte mit besseren oder erweiterten Funktionen auf den Markt gelangen. Auch Digitalisierung begünstigt diese Entwicklung. Um radikalen Wandel zu ermöglichen, ist das Mindset in der Unternehmenskultur zu verankern. Denn bis ein Ergebnis vorliegt, können mehrere Anläufe und Fehler notwendig sein und nur mit einer entsprechenden und von den Führungskräften gelebte Fehlerkultur kann das Vorgehen positiv beeinflusst werden (Staudt, 2020). Beim inkrementalen Wandel sind Akteure in veralteten Verhaltensweisen und Denkmustern gefangen, während der radikale Wandel für eine erfolgreiche Umsetzung mit diesen Mustern bricht, und vollkommen neue Ideen, Prozesse und Visionen fördert (*Das kooperative Dilemma: Inkrementelle vs. disruptive Innovation*, 2016). Dabei kommen Beteiligte in bereichsübergreifenden Teams zusammen, um gemeinsam Entwicklungen voranzutreiben, anstatt voneinander isoliert Aufgaben nachzugehen, die eine Charakteristika inkrementalen Wandels ist (Ullrich et al., 2017, S.109). Die Auseinandersetzung mit etwas Neuem wirkt sich außerdem positiv auf die Motivation der Mitarbeiter aus (Ullrich et al., 2017, S.111).

3. Weshalb nur der inkrementale Wandel zum Erfolg führt

Inkrementaler Wandel bedeutet Optimierung des Unternehmens innerhalb der bekannten und bestehenden Logik (Marek, 2010, S.89). Dazu zählt beispielsweise die Implementierung neuer Instrumente im Rahmen der Verbesserung einzelner Geschäftsprozesse des Unternehmens (Marek, 2010, S.89). Inkrementeller Wandel bezieht sich auf die Tiefe und Inhalt der Veränderung. Wird auch der zeitliche Aspekt berücksichtigt, so wird von einem evolutionären Vorgehen gesprochen, welches die Taktik der kleinen Schritte verfolgt (Marek, 2010, S.86). Inkrementaler Wandel erfolgt somit durch kleinere und kontinuierliche Anpassungen und Modifikationen in den alltäglichen Arbeitsprozessen, Routinen und Praktiken eines Unternehmens (Becke, 2005, S.12). Mit vielen kleinen Schritten wird versucht, etwas grundsätzlich Neues zu erschaffen. Während beim radikalen Wandel häufig mit Widerstand und Angst seitens der Belegschaft zu erwarten ist, zeichnet sich der Wandel in kleinen Schritten durch Akzeptanz aus (Pettigrew, 1988, S.471). Da alles logisch und rational erscheint, empfinden die Beteiligten keine Angst oder Verunsicherung (Vahs / Weiand, 2013, S.3). Radikaler Wandel fordert zudem die Aufmerksamkeit der Stakeholder über einen längeren Zeithorizont und gleichzeitig steht sie unter einem erheblichen Zeitdruck. Auch dieser Umstand löst im Allgemeinen Verunsicherung aus und wirkt sich kontraproduktiv auf die Tätigkeiten der Mitarbeiter aus (Wimmer, 2009). Die Aktivitäten im Kontext des inkrementalen Wandels bewegen sich auf bekanntem Terrain. Wenig Risiko und eine hohe Berechenbarkeit zeichnen die Entscheidungen der Beteiligten aus. Es geht darum, Produkte und Dienstleistungen schrittweise zu verbessern und dabei die Kundenanforderungen im Blick zu behalten. Während Unternehmen im Zuge des radikalen Wandels eine längere Zeit für Entscheidungen und Entwicklungen benötigen, können, währenddessen Unternehmen schrittweise weiterentwickeln und einen konsequenten Wachstumskurs verfolgen (Meyer, o.D.). Dabei können Optimierungen im Rahmen des inkrementalen Wandels soweit fortgeschritten sein, dass sie eine radikale Änderung im Grunde ersetzt haben. Ein gutes Beispiel der inkrementellen Innovation ist Gmail von Google, das populärste E-Mail-Service der Welt. Das Produkt kam mit wenig Features auf den Markt, konnte dennoch mit ihrer grundlegenden Kompetenz bei den Kunden Begeisterung hervorrufen. Denn mit wenig Werbung und hoher Geschwindigkeit wurden Mails versendet. Von Zeit zu Zeit optimierte Google diesen E-Mail-Dienst, indem neue Funktionalitäten implementiert wurden, die den Dienst besser und schneller machten. Dieses Vorgehen von Google folgt einer klaren Strategie: Mit hohem Tempo erfolgt zunächst die Markteinführung eines simplen Produkts, um gerade in aufstrebenden Industrien Marktanteile zu sichern. Mit inkrementalen Verbesserungen wird das Produkt allmählich zu einem Bestseller und Marktführer etabliert. Eine analoge Vorgehensweise ist auch bei den Diensten Google Maps und Chrome Browser zu beobachten (*Das kooperative Dilemma: Inkrementelle vs. disruptive Innovation*, 2016). Eine weitere Erfolgsgeschichte Inkrementellen Wandels ist die des heutigen, sehr populären Streamingdienstes Netflix. Anfangs noch als DVD-Versandservice gestartet, entwickelte das Unternehmen sein Geschäftsmodell in kleinen Schritten und kundenorientiert weiter. Beispielsweise entschied die Führungsebene monatliche Beiträge zu erheben und es gab keine Einschränkung, wie viele Videos Kunden ansehen konnten. Dieser Prozess war wesentlich einfacher als für jede DVD eine eigene Gebühr zu erheben und gegebenenfalls Zusatzgebühren, wenn der Kunde das Rückgabedatum nicht erfüllte. Bis 2003 betrug die Zahl der Abonnenten bereits über 1 Mio. Treiber dieses erfolgreichen Wandels waren unter anderem das Commitment des Managements, Bereitschaft zu maximalem Ressourceneinsatz und die Partizipation der Gesamtorganisation (*Change-Management in agilen Organisationen,* 2021). Inkrementale Änderungen können im Rahmen des Tagesgeschäfts reibungslos vorangetrieben werden. Projektinhalte werden von fachübergreifenden Teams bearbeitet und regelmäßige Entwicklungsstand diskutiert. Die Vorgehensweise folgt einer klaren Logik und das Resultat ist ein Ablauf mit enormer Planbarkeit (Meyer, o.D.). Im Vergleich zum radikalen Wandel sind keine gravierenden Rückschläge zu erwarten. Um radikale Änderungen hervorzurufen sind häufig mehrere Anläufe nötig und gegebenenfalls sind Fehler mit hohem Aufwand zu korrigieren. Nicht selten steht ein Unternehmen ohne Ergebnis da und der Untergang ist besiegelt. Beim inkrementellen Wandel stehen die Kernleistungen des Unternehmens nicht zur Diskussion. Inkrementaler Wandel müssen Änderungen von allen Mitgliedern der Organisationen getragen werden, während interne oder externe Berater keine Führungsrolle haben (Thom, 2012, S.21) Eine Kultur des gegenseitigen Vertrauens wird auf diese Weise besonders begünstigt und Grundsätze wie „Hilfe zur Selbsthilfe" sowie „Betroffene zu Beteiligten machen" machen zwei wesentliche Credo dieses Vorgehens aus (Thom, 2012, S.21). Im Hinblick auf die Erfahrung der Mitarbeiter gilt festzuhalten, dass beim inkrementalen Wandel die Erfahrung der Mitarbeiter für die erfolgreiche Umsetzung von größter Relevanz ist, während beim radikalen Wandel die Auseinandersetzung mit neuen Strukturen, Ansätzen und Technologien mit keiner positive Assoziation verbunden ist (Ullrich et al., 2017, S.106). Es erscheint beim inkrementalen Wandel als vorteilhaft, dass der Fokus auf Reduzierung der Kosten gelegt wird. Dabei werden bestehende Produkte oder Dienstleistungen angepasst, um die sich ändernden Kundenbedürfnisse zu befriedigen (Ullrich et al., 2017, S.106).

4. Fazit

Der Alltag von Unternehmen ist heute von vielen Unsicherheiten geprägt, die vom politisch-rechtlichen Umfeld über sozio-kulturelle Entwicklungen bis hin zu Trends wie Digitalisierung und steigendem Ausmaß an Technologisierung reichen. Verstärkt wird die Instabilität durch Start-Ups, die ihrerseits durch innovative Geschäftsmodelle ganze Märkte erobern oder zumindest durcheinanderbringen. Die Covid 19 Pandemie und die durch den Krieg in der Ukraine verursachte Energiekrise haben die angesprochene Entwicklung ebenfalls verstärkt. Radikale Entwicklungen setzen die Bereitschaft zu radikalen Veränderungen voraus und dementsprechend hat jedes Unternehmen dieses Selbstverständnis zur langfristige Existenzsicherung in ihrer Unternehmenskultur zu verankern. Inkrementale Änderungen mögen kurzfristig für Stabilität sorgen, aber mittel- und langfristig wird radikaler Wandel nötig sein, um die angesprochenen Faktoren unternehmensseitig zu beherrschen. Die Lebenszeit von Produkten und Dienstleistungen hat sich in erheblichem Maße verkürzt und in kürzeren Zeitabständen brauchen Unternehmen frische Ideen und Innovationen, um mit der Geschwindigkeit der Dynamik Stand zu halten. Das Beispiel von Unternehmen wie Amazon, Ebay, Tesla oder Uber zeigt deutlich, dass Risikobereitschaft und zeitgemäße Strategien zu enormen Wettbewerbsvorteilen führen. Wandel in kleinen Schritten wird zudem nicht ausreichen, um das allgemeine Mindset der internen Stakeholder im Hinblick auf die genannten Herausforderungen zu formen (Strasser, 1996, S.91). Die Ressourcenstruktur, die Aufbauorganisation und Organisationsarchitektur mitsamt Führungsleitbild und Vision müssen insgesamt den ändernden Rahmenbedingungen flexibel angepasst werden können. Ansonsten drohen im drastischen Fall Standortschließungen oder Personalabbau und insgesamt nimmt das Selbstverständnis des Unternehmens einen nicht zu unterschätzenden Schaden (Wimmer, 2009). Insgesamt scheint der inkrementale Wandel auch ein Teufelskreis zu sein: Häufig müssen Unternehmen aus wirtschaftlicher Not heraus innovativ sein. Dabei gehen sie mit wenig Risiko Neuerungen ein, indem sie Trends aufgreifen oder Wettbewerber kopieren bzw. imitieren. Dadurch handeln viele Marktakteure ähnlich und der Kunde kann nicht vom einem Alleinstellungsmerkmal eines Unternehmens profitieren. Schließlich sind Produkte schneller out, Margen sinken und der wirtschaftliche Druck ist wieder da (Meyer, o.D.). Gerade die digitale Transformation scheint nur mit fundamentalem Perspektivwechsel möglich zu sein, sonst kann ein Unternehmen schnell den Anschluss und somit Marktanteile verlieren, die möglicherweise nicht mehr aufholbar sind. Aus den genannten Gründen heraus ist der Ansatz des radikalen Wandels insgesamt zu bevorzugen.

5. Quellenverzeichnis

5.1 Literaturverzeichnis

Becke, Guido (2005): *Überlebensfähigkeit durch radikalen Unternehmenswandel – Balanceakt zwischen Veränderungsdynamik und reproduktiver Stabilität*. Artec-paper Nr.125. Universität Bremen.

Garaus, Christian und Güttel, Wolfgang (2013): *Management von radikalen und inkrementellen Innovationen*. Austrian Management Review Vol.3.

Hammer, M.; Champy, J. (1994): Business Reengineering. Die Radikalkur für das Unternehmen, Frankfurt/New York.

Hartley, J. (2002): Organizational Change and Development. In: Warr, P. (Hrsg.): *Psychology at Work* (S. 399 – 426), Penguin, London / New York.

Hauschildt, Jürgen und Salomo, Sören (2008): Promotoren und Opponenten im organisatorischen Umbruch. In: Fisch, Rudolf und Müller, Andrea und Beck, Dieter (Hrsg.): *Veränderungen in Organisationen: Stand und Perspektiven* (S.163 – 176). VS Verlag für Sozialwissenschaften.

Marek, Daniel (2010): *Unternehmensentwicklung verstehen und gestalten: Eine Einführung*. Gabler Verlag, Wiesbaden.

Pettigrew, Andrew (1988): *The Management of Strategic Change*, Basil Blackwell, Oxford.

Thom, Norbert (2012): Management des Wandels: Grundelemente für ein differenziertes und integriertes „Change-Management“. In: Steiner, Reto und Ritz, Adrian (Hrsg.): *Personal führen und Organisationen gestalten* (S. 15 – 32). Haupt Verlag, Bern.

Ullrich, André und Thim, Christof und Vladova Gergana und Gronau, Norbert (2017): Wandlungsbereitschaft und Wandlungsfähigkeit von Mitarbeitern bei der Transformation zu Industrie 4.0. In: Stefan Reinheimer (Hrsg.): *Industrie 4.0: Herausforderungen, Konzepte und Praxisbeispiele* (S.91 – 115) Springer Verlag, Wiesbaden.

Vahs, Dietmar und Weiand, Adam (2013): *Change-Management – Grundlagen erfolgreichen Unternehmenswandels*, Schäffer Pöschel Verlag, Stuttgart.

Zahn, Erich und Foschiani, Stefan und Tilebein, Meike (2000): Wissen und Strategiekompetenz als Basis für die Wettbewerbsfähigkeit von Unternehmen. In: Hammann, Peter und Freiling, Jörg: Die Ressourcen- und Kompetenzperspektive des Strategischen Managements (S.47 – 68). Springer Verlag, Wiesbaden.

5.2 Internetquellen

Bögemann, Ingo (o.D.): *Produktlebenszyklen werden immer kürzer, ihre Entwicklungszeiten auch?* Modularmanagement. https://www.modularmanagement.com/de/blog/produktlebenszyklen-kuerzer-entwicklungszeiten-geringer

Change-Management in agilen Organisationen (2021, 24. November). Workpath. https://www.workpath.com/magazin/change-management

Das korporative Dilemma: Inkrementelle vs. disruptive Innovation (2016, 3. August). Qmarkets. https://www.qmarkets.de/blog/the-corporate-dilemma-incremental-vs-disruptive-innovation/

Hutzschenreuter, Thomas (2018, 16.November): *Radikaler Wandel durch virtuelle Realität.* Presseportal. https://www.presseportal.de/pm/16314/4117436

Meyer, Jens-Uwe (o.D.).: *Radikale Innovation.* http://www.ideeologen.de/fileadmin/ideeologen/Medienordner/Downloads/MiniBook_Radikale_Innovation_867.pdf

Sattlegger, Werner (2018, 23.August): *Radikal führen in Zeiten des Wandels.* Der Standard. https://www.derstandard.de/story/2000085754114/radikal-fuehren-in-zeiten-des-wandels

Strasser, Georg (o.D.): *Wandel von Unternehmen und Revolution – Variationen über eine radikale Vorstellung von Veränderung in großen Unternehmen.* Strasser – Strasser. https://www.strasser-strasser.de/sites/default/files/publication/revolution_2_0.pdf

Staudt, Hubert (2020, 31. Juli): *Inkrementell oder disruptiv? Innovation hat verschiedene Facetten.* Blog – Der Karrierenavigator, top itservices AG. https://blog.top-itservices.com/karrierenavigator/inkrementell-oder-disruptiv-innovation-hat-verschiedene-facetten

Wimmer, Rudolf (2009): *Kraftakt radikaler Umbau.* Reflexion. https://www.osb-i.com/fileadmin/user_upload/insights/publikationen/Wimmer_Kraftakt_radikaler_Umbau_OE_3_09.pdf